臺灣的書院

王啟宗 著

行政院文化建設委員會策劃出版
藝 術 家 出 版 社 編 輯 製 作

文化資產叢書序

在中華民族悠久的歷史進程中，長久累積的文化資產，有如一片色彩絢麗的錦繡，而其縱橫經緯，則是由先民的生活軌跡與智慧所交織而成。所謂文化資產，包括古物、古蹟、民族藝術、民俗文物及自然文化景觀等，其中蘊含的民族智慧與情感，確實是我國文化精神之所在，也為世世代代的藝術文化活動提供了永續的源頭活水。

文化資產的歷史意義、人文傳統與藝術價值，不僅反映了先民的生活方式與生活態度，對現代人而言，也是豐富生活內涵的重要資源。一個國家或民族的文化內涵是否豐厚，社會是否進步，文化資產的多寡是十分重要的指標。因此，保存和維護文化資產，乃成世界各先進國家無不全力以赴的標的，雖然在此一工作上，政府與民間均屬責無旁貸。但在推行與規劃過程中，卻有其現實上的困難，要雙方均能積極主動的致力於保存維護工作，有賴教育和傳播的力量，加強文化保存觀念之紮根與宣揚。

有鑑於此，本會爰將歷時多年精心策劃編印的「文化資產叢書」予以重編出版，希望藉叢書的重新發行，呈現各項文化資產清晰動人的面貌，讓我們在欣賞其藝術表現與社會意涵之餘，更能在日常生活中體認其價值。有了了解與尊重，才能喚起全民的參與及支持，進而找回我們自己對文化的信心和自尊，建立全民維護文化資產的共識。

行政院文化建設委員會主任委員 林澄枝

編輯例言

一、本套「文化資產叢書」係民國七十二年起由行政院文化建設委員會策劃印行，至八十六年共出版五十二本。歷經十多年，由於部分叢書已絕版，且考量若干資料宜適時更新，乃計畫重編。八十七年九月，本社受文建會委託補充叢書內容資料或圖版，並重新設計統一的編輯體例，重新編輯後予以推廣發行。

二、本套叢書依文化資產保存法第三條，分類如下：

古物類（以具有歷史及藝術價值之器物為主）。

古蹟類（以古建築物、遺址為主）。

民族藝術類（以傳統技術及藝能之表現為主）。

民俗及其有關文物類（以與國民生活有關之風俗、習慣及文物為主）。

自然文化景觀類（以產生歷史文化之背景、區域、環境及珍貴稀有之動植物為主）。

重編書籍除分類明確者外，尚有按內容性質分跨兩類領域者。

三、叢書每本頁數在六十四到八十頁之間，文字數約一萬五千字到兩萬字，圖版在五十張以上。

四、視事實需要，依據舊版叢書修訂或增刪內文，並更新或增強圖照資料的品質與豐富性，文圖兼備。

五、另按各書情況，彈性決定在書末放置參考書目或名詞解釋。

六、期望藉「文化資產叢書」的重新編輯發行，深入淺出地介紹固有文化資產，帶領讀者認識中華文化的精粹，以及文化資產保存與傳承的重要，並建立保存觀念。

藝術家出版社　何政廣謹識　中華民國八十八年三月

目次

〔文化資產叢書—古蹟類〕

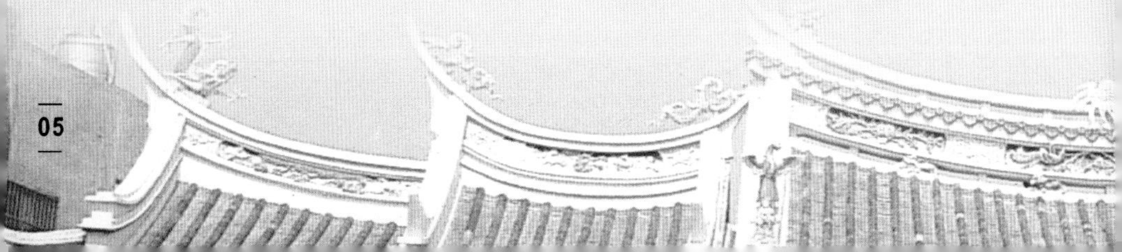

第一章

前言

「昔成湯以百里而王、文王以七十里而興，豈關地方廣闊？實在國君好賢，能求人材以相佐理耳。今臺灣沃野數千里，遠濱海外，且其俗醇；使國君能舉賢以助理，則十年生長、十年教養、十年成聚，三十年真可與中原相甲乙。何愁偈促稀少哉？今既足食，則當教之。使逸居無教，何異禽獸？須擇地建立聖廟、設學校，以收人材。庶國有賢士，邦本自固；而世運日昌矣。」

——陳永華

（引自江日昇臺灣外記卷之六）

中國文化薪火相傳，由大陸全面移植臺灣，實開始於明鄭時代。明鄭以前，雖由於歷代政府的政治活動與沿海人民的經濟活動，使中華文化遠及臺澎，但影響畢竟是短暫的、局部的。由於前引陳永華勸諫鄭經的一段話，始開啟中華文化植入臺灣的契機。永曆二十年（一六六六）正月即陳永華建言後第二年，「全臺首學」的臺南孔廟落成了，其旁並建有明倫堂，開創了臺灣文教史上的第一頁，陳永華且親

● 台北登瀛書院舊照片（上圖）

● 鹿港文開書院文武廟全景（下圖）

● 道東書院（右頁圖）

● 彰化和美道東書院（6、7頁圖）

● 草屯登瀛書院（上圖）

● 大肚磺溪書院側景（左下圖）

自出掌文教，設太學、社學，延中土通儒，「教之、育之、臺人至是始奮學」。到了清代，斯文相承，除重建文廟外，又有儒學、義學、社學、書院及書房等教育機構。中華文化遂源源輸入臺灣，並隨著中華民族在臺灣的拓展，不斷地成長。在這文化移植的過程中，教育始終居於重要地位，而在教育體系中，又以書院之功厥偉。此因儒學偏重科考舉業，並未認真講學，社學、義學、書房則屬於基礎教育，科舉意味又濃，職是之故，書院遂成為清代臺灣教育的中心，擔負起地方文運與普通教育的雙重責任，承襲了陳永華以來的文教使命。

第二章

何謂書院

重修落成大典暨慶祝大會

王啟宗

書院是有別於一般學校（官學）的另一種教育系統。

學校至漢朝以後，規模逐漸擴大，制度日趨成熟，終於演變成為政治上的一個機關，學生也成為政府官吏的主要來源，學校的學術功能，反而漸漸淡化。所幸，在民間始終保持著專門研究學問的另一教育系統，先秦時有論諸子的「講堂」，兩漢魏晉有講經學、玄學的「精舍」，宋明有倡理學的「書院」。這是屬於做學問的另一教育系統，不是專為培養官吏的學校。在這系統中，以書院的歷史最久，制度最健全，影響也最大。臺灣的書院即是沿襲這個系統下來的制度，欲了解臺灣的書院，則必須對此書院系統的沿革，大略有個認識。

書院發端於唐，至五代時，規制漸備，宋元時臻於極盛，凌駕國學之上，迄於明清，仍能維持不墜，前後連亙一千年，並隨著時代之推移而演變。最早的書院為開元六年（七一八）唐玄宗所創設之麗正脩書院，目的在著述研究，做皇帝的典章學術顧問。其後，民間的士人亦喜稱他們讀書的房舍為書院，當

● 和美道東書院（上圖）
● 大肚磺溪書院舊貌（右圖）
● 大肚磺溪書院新貌（林柏樑攝影）（12、13 頁圖）

● 泰山明志書院一景

- 鳳山鳳儀書院內部木結構（上圖）
- 鳳儀書院石牆（下圖）
- 鳳儀書院側門（左頁左圖）
- 鳳儀書院石鼓（左頁右圖）

時的書院，全無學校的意義。到五代時，天下離亂，學校廢弛，書院代之成為教育中心，係收藏圖書、授徒講學之所，而以白鹿洞書院為最早。到北宋，書院大盛，有聞名天下的四大書院。入南宋更盛，各延大儒主持，成為理學書院。元時又更盛，專講程朱之學，並供祀兩宋理學家。於純學術之外，尤重人格教育，與科舉絕緣，不受官府節制；各依學田，不受出資者把持，達於講學自由、經濟獨立的境域。明初書院轉衰，直到王陽明出，再度興盛。隨後，書院漸遭當道之忌，迭遭摧毀，明世宗、張居正皆曾毀之，尤以東林書院事件，魏忠賢盡毀天下書院，書院乃大沒落。滿清入關之初，繼續抑制書院，於順治九年下諭禁止「別創書院，群聚徒黨」，另設義學以代替書院。後禁令漸弛，康熙本人甚且有修復、賜

書書院之舉。雍正十一年正式明令各省建書院，改採鼓勵態度，此後書院漸興，臺灣的書院也隨之大盛。清朝的書院不分官私立皆受政府監督輔導，不復宋元時的講學自由，並性質也漸趨複雜，大約有三類，一為講求理學之書院，一為博習經史詞章之書院，一為考試時文之書院。從好的一面看，治學範疇增廣，由理學及於經史詞章；從壞的一面看，漸漸走入科舉的窠臼。臺灣的書院亦不外乎這三類型。

● 南投藍田書院（上圖）

● 新港登雲書院石碑（右圖）

第三章

臺灣書院設立的經過

臺灣之有書院，始自康熙二十二年（一六八三）靖海侯施琅所創西定坊書院。其後二十年間，在府治及其近郊，先後成立了鎮北坊、彌陀室、竹溪等八所書院。這些書院之設立，如前節所述正值康熙放寬「不許別創書院」之禁令而恢復書院之際，故在性質上乃屬由義學過渡到正式書院的雛形書院（見表一）。康熙四十三年，臺灣的第一座典型的書院—崇文書院終於成立，乃是知府衛臺揆由東安坊義學改建而成。此時禁令並未明白廢除，但也不強加取締，停留在不置可否的狀態。又過了十六年，第二所書院—海東書院始出現，為巡道梁文瑄所建。

這時清廷已摸索出一個新政策，對書院由含糊改為官府督導下的獎勵政策，一方面使書院教育的優良傳統能得到發揮，一方面使書

● 和美道東書院匾額（上圖）

● 集集明新書院匾額（左頁圖）

● 彰化和美道東書院（22、23頁圖）

王啟宗

明新書院

院不致脫軌而產生他們所顧慮的流弊。雍正七年，禁令未明白廢除之前，臺灣先已奉文設立三所正音書院於臺灣、鳳山、諸羅三縣。到了雍正十一年，正式下令各省督撫於省會之地建立書院，特地指定於「督撫駐紮之所」設立，也是為了便於督撫監督輔導，其意至為明顯。相信這也就是康熙、雍正年間臺灣的十七所書院大部分設在臺南府城的主要原因。這十七所書院，幾乎全為地方官憲所建，屬官府督辦的性質。

乾隆時代，更加積極鼓勵，屢次下諭，或令薦舉書院優等生，或加撥帑金以資諸生膏火等等。蓋「書院之制所以導進人才，廣學校所不及。」此為乾隆皇帝所曉示者，儒學既然不發達，以書院來彌補，亦為當道所樂見。地方官紳更能放手興辦無所顧忌了。

臺灣的情形更是如此，雍正、乾隆以後，書院成長極為迅速，現就各書院創建之順序，列表如下：

● 泰山明志書院匾額

《表一》

	書院名稱	設置地點	今之地名	設置年代	沿革	古蹟猶存	備註	資料來源
1	西定坊書院	臺灣府治	臺南	康熙二十二年（一六八三）	靖海侯施琅建			甲
2	鎮北坊書院	臺灣府治	臺南	康熙二十九年（一六九〇）	郡守蔣毓英建			甲
3	彌陀室書院	臺灣府治	臺南	康熙三十一年（一六九二）	臺令王兆陞建			甲
4	竹溪書院	臺灣府治	臺南	康熙三十二年（一六九三）	郡守吳國柱建			甲
5	鎮北坊書院	臺灣府治	臺南	康熙三十四年（一六九五）	道憲高拱乾建			甲
6	西定坊書院	臺灣府治	臺南	康熙三十七年（一六九八）	道憲常光裕建			甲
7	西定坊書院	臺灣府治	臺南	康熙四十三年（一七〇四）	道憲王之麟建			甲
8	安東坊書院	臺灣府治	臺南	康熙四十四年（一七〇五）	將軍吳英建			甲
9	西定坊書院	臺灣府治	臺南	康熙四十八年（一七〇九）	道憲王敏政建			甲

《表二》

	書院名稱	設置地點	今之地名	設置年代	沿革	古蹟猶存	備註	資料來源
10	崇文書院	臺灣府治	臺南	康熙四十三年（一七〇四）	原安東坊府舊義學，知府衛臺揆建			乙
11	屏山書院	鳳山縣治	高雄	康熙四十九年（一七一〇）	知縣宋永清建			庚
12	海東書院	臺灣府治	臺南	康熙五十九年（一七二〇）	分巡道梁文煊建。乾隆十五年知縣魯鼎梅就縣署改建		院廣卅丈袤八十丈，東向。爲全台最具規模之書院。	乙
13	中社書院（奎樓書院）	臺灣府治	臺南	雍正四年（一七二六）	分巡道吳昌祚建	✓		丁
14	正音書院	臺灣縣治	臺南	雍正七年（一七二九）	奉文設立			乙

15	正音書院	諸羅縣治	嘉義	雍正七年（一七二九）	奉文設立			乙
16	正音書院	鳳山縣治	高雄	雍正七年（一七二九）	奉文設立			乙
17	正音書院	彰化縣治	彰化	不詳	奉文設立			乙
18	南社書院	臺灣縣治	臺南	雍正年間				丁
19	白沙書院	彰化縣治	彰化	乾隆十年（一七四五）	淡水同知攝縣事曾曰瑛建			丙
20	鳳閣書院	鳳山縣前營	高雄	乾隆十二年（一七四七）				丁
21	龍門書院	彰化縣斗六堡	雲林斗六	乾隆十八年（一七五三）	貢生鄭海生、廩生吳嘉會、富紳張良源、陳子芳等建		前後兩進，南向	丁
22	玉峰書院	諸羅縣治	嘉義	乾隆二十四年（一七五九）	在文昌宮內。知縣李倓就原縣學文廟址改建			丙
23	明志書院	淡水廳	臺北泰山	乾隆二十八年（一七六三）	原爲永定貢生胡焯猷自宅改設之義學，名曰「明志」，在興直堡新莊山腳（今台北縣泰山鄉明志村）。淡水同知胡邦翰改爲書院	✓		丙
24	南湖書院	臺灣府治	臺南	乾隆二十九年（一七六四）	知府蔣允焄建			己
25	文石書院	澎湖廳治	澎湖	乾隆三十一年（一七六六）	澎湖通判胡建偉應貢生許應元等之請，建於文澳西偏	✓	中爲講堂三楹，祀宋儒五子	丁
26	奎壁書院	諸羅縣鹽水港堡	臺南鹽水	乾隆四十六年（一七八一）	趙家創建			丁
27	明志書院	淡水廳	新竹	乾隆四十六年（一七八一）	乾隆四十六年同知成履泰移建竹塹西門		計一座三進，中爲講堂後祀朱子神位，左右兩畔各房爲生童肄業之所	丁
28	螺青書院	彰化縣東螺堡	彰化北斗	嘉慶八年（一七八一）				己
29	引心書院	臺灣縣治	臺南	嘉慶十五年（一八〇三）	原爲引心文社在寧南坊呂祖廟內，拔貢張青峰監生黃拔萃所建			丁

30	主靜書院	彰化縣治	彰化	嘉慶十六年（一八一一）	知縣楊桂森建			丁
31	仰山書院	噶瑪蘭廳治	宜蘭	嘉慶十七年（一八一二）	委辦知府楊廷理建，以景仰楊龜山得名			丁
32	萃文書院	鳳山縣羅漢內門觀音亭	高雄內門	嘉慶十七年（一八一二）		✓	現改爲觀亭國小校址	丁
33	鳳儀書院	鳳山縣治	鳳山	嘉慶十九年（一八一四）	知縣吳性誠命候選訓導歲貢生張廷欽建	✓	屋三十七間	丁
34	振文書院	彰化縣西螺堡	西螺	嘉慶十九年（一八一四）	董事生員廖澄河籌建	✓	堂一、宇一、左右廊六間	丁
35	屏東書院	鳳山縣阿緱街	屏東	嘉慶二十年（一八一五）	歲貢生郭萃、林夢陽建。光緒六年鄭贊祿重修	✓	屋三十六間	丁
36	興賢書院	彰化縣員林街	員林	道光三、四年年間	貢生曾拔萃建	✓		戊
37	文開書院	彰化縣鹿港新興街	鹿港	道光四年（一八二四）	同知鄧傳安建	✓	講堂書室，前後門庭，規模甚爲宏敞	丁
38	鳳崗書院	鳳山縣長治一圖里	高雄	道光十六年（一八三〇）	紳民劉維仲、賴爲舟及林四海等建		屋二十四間	戊
39	羅山書院	嘉義縣治	嘉義	道光九年（一八二九）	刑部郎中王朝清、知縣張紳雲籌建			丁
40	藍田書院	彰化縣南北投堡	南投	道光十一年（一八三一）	縣丞朱懋、生員曾作雲管俊升等建	✓		丁
41	登雲書院	嘉義縣笨港	嘉義新港	道光十五年（一八三五）	邑人鳩資興建			辛
42	朝陽書院	鳳山縣	屏東	道光二十一年（一八四一）	始建人不詳。光緒六年訓導李政純等重建		屋十八間	戊
43	文英書院	彰化縣岸理社	台中神岡	道光年間	邑人呂世芳、呂燿初父子所建			壬
44	學海書院	淡水廳下崁莊	台北萬華	道光二十三年（一八四三）	道光十七年淡水同知婁雲議建，二十三年同知曹謹續成	✓		戊
45	修文書院	彰化縣西螺堡	西螺	道光二十三年（一八四三）	貢生詹錫齡等捐建		中進五間，左右廊六間	丁

46	鰲文書院	彰化縣治	彰化	道光二十五年（一八四五）				戊
47	奎文書院	彰化縣他里霧堡	雲林斗南	道光二十七年（一八四七）	職員黃一章捐建		堂宇十餘間	丁
48	登瀛書院	彰化縣北投堡	南投草屯	道光二十七年（一八四七）		✓		戊
49	玉山書院	台灣縣茄冬南堡	台南白河	咸豐元年（一八五一）	邑人創建		規模最小，只設講師一人，管理者一人	丁
50	道東書院	彰化縣和美線街	彰化和美	咸豐七年（一八五七）		✓	台灣私法作咸豐五年，規模宏大，占地約兩千坪建地七百坪，是台灣有數的民建巨型書院	戊
51	樹人書院	淡水廳	臺北	咸豐年間	陳維英等建			癸
52	正心書院		日月潭	光緒二年（一八七六）				丁
53	雪峰書院	鳳山縣港西里阿里港街	屏東阿里港	光緒三年（一八七七）	職員藍登輝，董事張簡榮、張簡德建		屋七間	丁
54	登瀛書院	臺北府治	臺北	光緒六年（一八八〇）	知府陳星聚建			戊
55	明新書院	臺灣府治	集集	光緒八年（一八八二）	陳長江籌建	✓		戊
56	啓文書院	彰化縣治	埔里	光緒九年（一八八三）	同知傅若金倡建			戊
57	蓬壺書院	臺灣府治	臺南	光緒十二年（一八八六）	原爲引心書院，知縣沈受謙改建	✓		丁
58	磺溪書院	彰化縣大肚下堡	臺中大肚	光緒十三年（一八八七）		✓		丁
59	英才書院	苗栗縣治	苗栗	光緒十五年（一八八九）	謝維岳籌建	✓	台灣省通志作光緒十三年	丁
60	宏文書院	臺灣府治	臺中	光緒十五年（一八八九）	士紳林朝棟、吳鸞旂、吳海玉等建議知縣黃承乙建			丁

61	明道書院	臺北府治	臺北	光緒十九年（一八九三）	臺灣布政使沈應奎建		丁
62	崇基書院	基隆廳治	基隆	光緒十九年（一八九三）	江呈輝籌建		丁

資料來源：

甲、周元文，重修台灣府志（康熙四十九年）卷二規制志（學校）。

乙、劉良璧，重修福建臺灣府志（乾隆六年）卷十一學校（書院）。

丙、余文儀，續修臺灣府志（乾隆二十五年）卷八學校。

丁、臺灣省文獻會，臺灣省通志卷五教育志制度沿革篇，第三章第六節書院之規制。

戊、臺灣總督府，臺灣教育志稿（臺北，一九〇二年）。

己、莊金德，清代臺灣教育史料彙編，第四章書院。

庚、高雄縣文獻委員會，高雄縣志稿，教育志。

辛、「新建登雲書院捐緣金石碑」，在新港鄉文昌國小。

壬、陳炎正，神岡鄉土志，四、教育。

● 高雄萃文書院

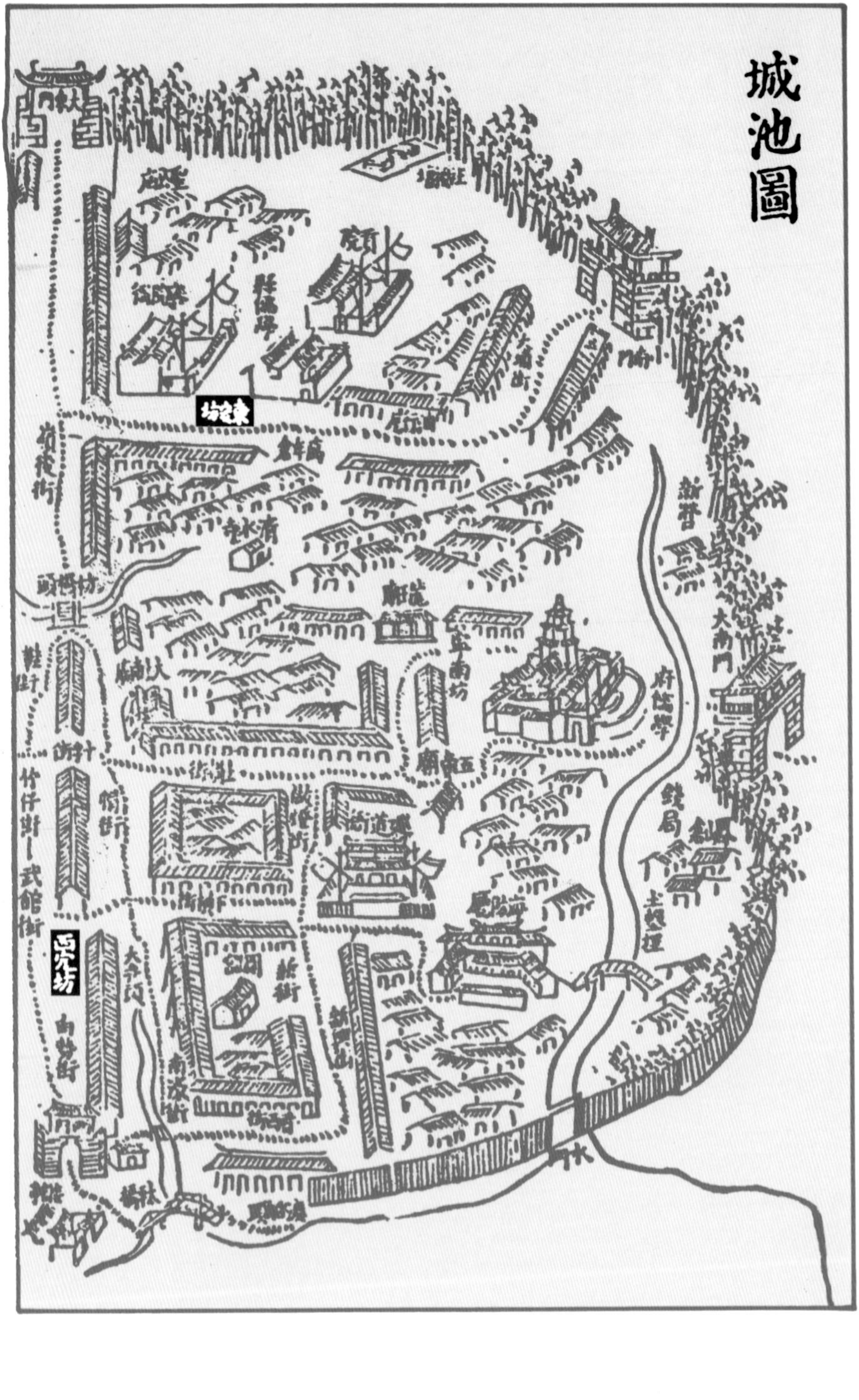
城池圖
大南門
錢局

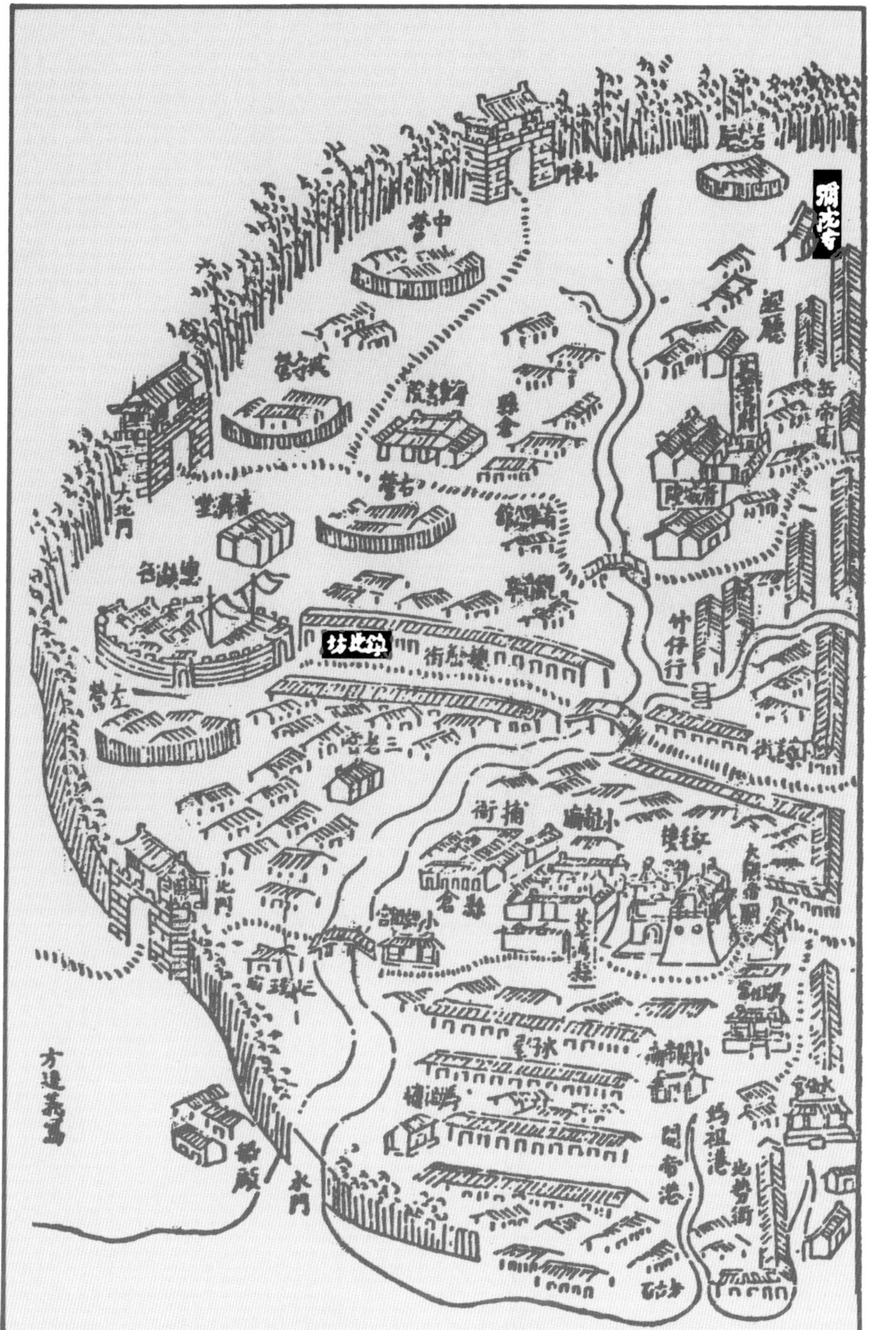

● 臺灣府城圖（乾隆十七年重修臺灣縣志）

● 鹿港文開書院門廳（上圖）
● 台南奎樓書院一景（左上圖）
● 台南奎樓書院匾額（左下圖）

癸、臺北市文獻委員會，臺北文物第二卷第二期。

就前表可以看出乾隆以前書院大部集中於臺南，乾隆以後，書院的分布範圍擴大得極為迅速，光是乾隆一朝已分布到嘉義、雲林、彰化、新竹、新莊（明志書院原設於新莊），甚至到達島外的澎湖。嘉慶時更已到達宜蘭。此一路線說明了臺灣文教開發的進程，符合了土地開發的方向，跟隨在土地開發的後面行進。

臺灣土地的開發，初期集中在南部臺灣府所轄區，歷經明鄭及清

康熙時代的開發，臺南已經成為物阜民豐的樂土，文教設施隨之而盛，初期的臺灣書院也就集中在此地區。雍正以後，南部土地開發逐漸飽和，墾民積極湧向中北部。中、北部原本已有零星的點狀開發，後因南部人口的壓力，使中、北部之開發進展神速，彰化於康熙四十九年至雍正十三年間開發最速。到乾隆初期，土地漸為飽和，北部淡水廳又成為墾民蜂湧而至之區。在開墾之初期，文教無暇顧及，開墾進行至相當程度，文教之先鋒即時進

● 和美道東書院一景（上圖）

● 草屯登瀛書院（左上圖）

● 草屯登瀛書院匾額（左下圖）

大

一個制度的移植，除了承襲原有的傳統以外，尚需配合當地環境與人文因素，即植根於當地後，經過當地的風土人情之培育，逐漸發展出適合於當地的有效制度。所以，制度是演化出來的，而不是表面移植得來的。臺灣的書院制度，承襲大陸傳統而來，但因臺灣的特別環境，使得臺灣的書院顯出部份的差異性，主要是清代臺灣的社會正在儒化之中，因此臺灣的書院也就顯出演化的過渡色彩，尚未能成為成熟的定制。

以下從臺灣書院的組織、經費、教育宗旨、入學與修業各項加以說明。

（一）組織

書院是官設的學校以外之另一教育系統，是一種公益事業團體，稍類似今日之財團法人，須向政府註冊，受政府監督。清代書院的設

● 屏東書院匾額（上圖）

● 屏東書院（左頁圖）

● 台北樹人書院一景（40、41頁圖）

置亦需官府的核准，且需接受官府的監督，創辦的紳耆們雖不似今日之組有「董事會」，享有法律的地位，但紳耆們仍有極大的影響力，他們參與書院的管理，是書院得以生存的社會與經濟力量，無以名之，姑亦稱之為「董事會」。

地方官憲、書院院長、紳耆「董事會」三者構成書院的管理體系。地方官憲負責經費之籌措、學生之招收、院長及職員之任免、教師薪俸和學生膏伙及其他雜費之開銷；院長負責教務與訓導之成敗，「董事會」除與地方官一樣籌措經費外，負總務全責，包括庶務、會計、財產、徵租、祭祀、打雜等等事務性工作。除院長的職權不變以外，官憲與「董事會」的影響力大小，要看該書院創建的方式而定。清代臺灣書院的創建大致有三種，依出現之次序，一是官憲倡建，二是官

民倡建，三是民間倡建。初期的臺灣書院，幾乎都屬官憲倡建，官府指導的意味很重，其後漸有官民合力倡建者，最後民間創建者始盛。

官憲倡建者，是地方長官主催，發動官憲及官民合資創建，並非純粹官資。早期的臺灣書院多屬此類，例如西定坊等九書院（見表一）及崇文、海東書院（見表二），其發起者大多為高官，如靖海侯、郡守、道憲、知府等，他們有絕對的影響力。由創建官紳組成的「董事會」，他們是當然的「董事長」，而且是獨斷的「董事長」，書院的人事、財務、教務都受他們的支配，這是因這時的書院正在官憲指導的期間之故。

官民倡建者由地方官與紳民合力合資創建，有地方官邀集紳民創建者，有紳民呈請地方官領銜創建者。此類型書院為數不少，如明志、文石、藍田、引心…等等。許多文獻上由地方官具名創建者，事實上都是由紳民發起，請地方官出面領導建置的，澎湖文石書院即為顯例。此類之「董事會」由創建之官

● 澎湖文石書院（上圖）
● 澎湖文石書院舊景（右圖）
● 南投藍田書院山門（左圖）

民聯合組成，官方代表大都為地方親民之官，如知縣、通判、同知等，不再是前類較高階官員，地方官仍為「董事長」，但不似前類之獨斷果行，「董事會」有較大的發言權，除負書院總務全責外，對院長的任命也擁有「備聘」權（即推薦權）。

民間倡建者由紳民自力創建，或紳民為主，官府聲援的情形下創建的，「董事會」純由紳民組成，偶亦有官憲列名而實不管事，營辦之權操於紳民之手，如龍門、鳳儀、振文、屏東…等等。

第一種書院為最早期書院，官憲負書院成敗全責，指導意味很濃，「董事會」幾乎無過問之餘地，由官憲指派院長、總務人員，直接向官憲負責。第二種書院，官憲與「董事會」分工合作的情形較理想。第三種書院則「董事會」功

● 員林興賢書院大門（上圖）

● 西螺振文書院（右頁圖）

能較為突出，除應負總務責任外，有時尚可自行聘請院長。

院長即宋以來的「山長」，乾隆三十年諭令改名為「院長」。清廷對院長資格的要求頗嚴，首重品格，次求學問，務必「經明修行，足為多士模範者」，只有學問「恃才放誕，佻達不羈之士，不得濫入。」而且規定院長必須專任，不可由儒學的教官兼任，丁憂在籍官員不得出任，至於省籍、出仕或未仕皆不限制，聘請時必須「以禮相延」。臺灣的書院院長大都具備上述條件，唯「專任」一項，並未遵行，常由儒學教授、教諭、訓導或其他文行優長者兼任之，如登瀛書院，以臺北府儒學教授，學海學院以淡水縣儒學教諭，明志書院以新竹縣儒學訓導兼任等等。清廷對此予以寬容，大清會典事例載曰：

「議准：福建臺灣地方現有海東書院，…令該府教授兼施訓課，…至該府教授缺出，令該府於通省現任教授內，由進士、舉人出身，擇其文理優長者，具題調補，…」。

院長通常由官憲負責延聘，亦有紳董推薦，官府下聘者，如白沙書院，唯有少數小規模民建書院，由紳董的「董事會」自行禮聘。也有小書院只聘講師，未聘院長者，如玉山書院。不管何方所聘，院長皆須受地方官憲監督、考核，其教術可觀，三年有成，由地方官各加獎勵，六年有成，則「奏請酌量議敘」，相反的，如有虧於職責，「即行題參」。

院長負教務和訓導之成敗。教務工作包括教學和考課。教學即一般升堂講書、批答疑難、查閱「讀書分年日程」等。考課亦為院長之

重要職務，按月對書院生童加以考試。書院的考課，通常每月兩次，一次是官課，由官府行之，一次是師課，由院長行之。其日期並不統一，或訂於每月初二、十六，如仰山書院；或訂於初二、二十，如崇文書院；或訂於初十、二十五，如文開書院；官課在先，師課在後。有些民設之小型書院不行官課只行師課，其次數不定，且為臨時舉行，如振文、奎文書院者是，亦有固定每年四次者，如玉山書院。

● 員林興賢書院匾額（上圖）

● 和美道東書院（右圖）

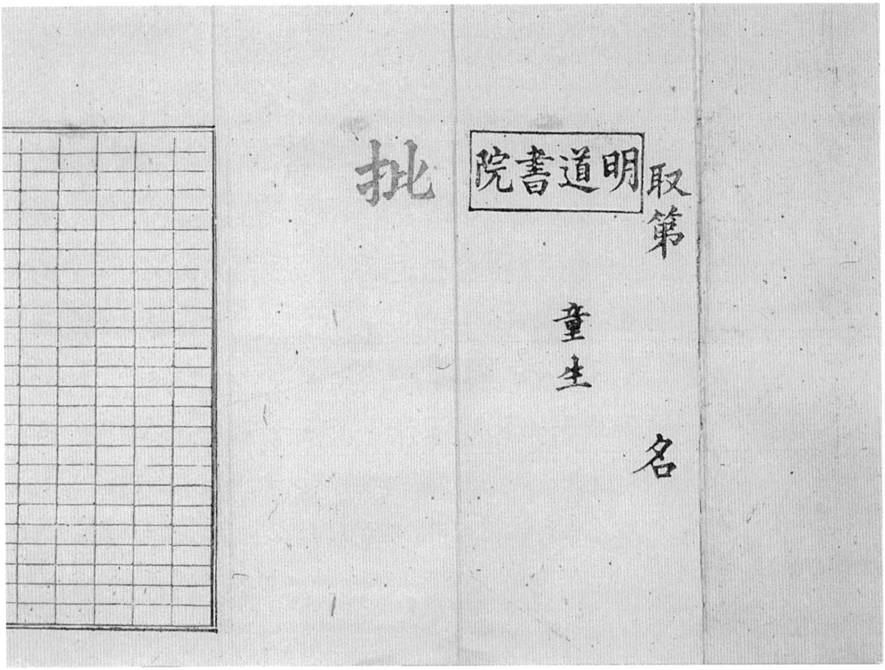

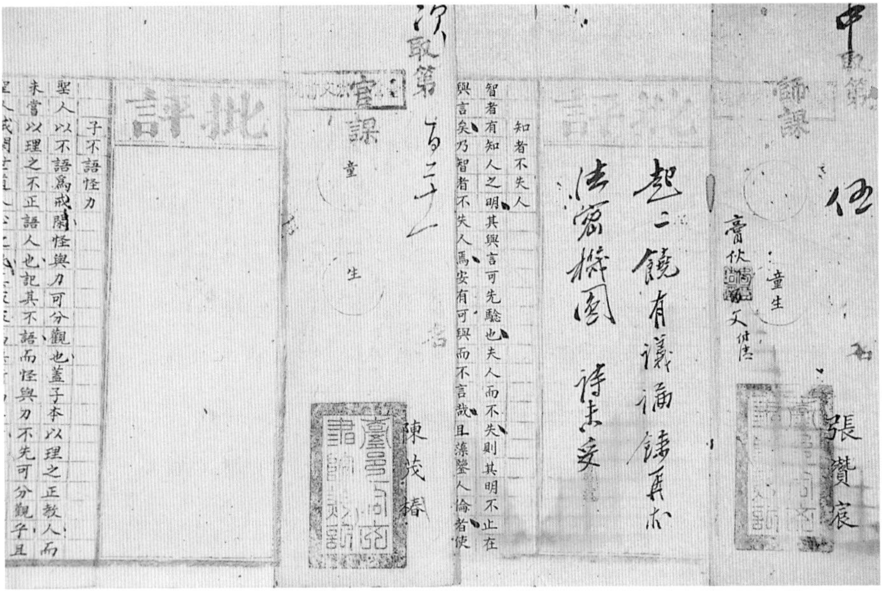

● 台北明道書院課卷（上圖）

● 台中宏文書院試卷（下圖）

官憲與院長所負職責以外之事務，全由「董事會」負責。如前所述「董事會」只是一個虛擬的名詞，沒有健全的組織和法律的地位，但是卻有極大的社會、經濟力量，是一個實際的存在，他們是書院產生與維持不可或缺的力量。書院的事務性工作即由他們選出專人來處理，有總董、董事、監院、首事、管事、當事、禮書、禮房、爐主、會東、倡首者、租趕、租差、傳代、財帛、齋長、值董、院丁、院夫、書丁、拾字紙等各種名稱。觀書院不同，稱呼亦不同，職務分工亦不同，且同一名稱的職務不一定相同，不同名稱的職責不一定不同，頗為分歧，未成定制。現將其職責試列一表如下：（表三）

總董負庶務、會計、財產之責，書院中設置此職位者，只有文石書院等極少數書院，其他大多設董事，其職權與總董同，或將其職權

《表三》

職稱＼職務	庶務	會計	財產	收租	祭祀	打雜	試務
總董	✓	✓	✓				
董事	✓	✓	✓				
監院	✓	✓		✓			✓
會東	✓		✓				
首事	✓						
當事			✓				
禮書		✓					
禮房		✓		✓			
齋長			✓	✓			
財帛		✓					
倡首者	✓						
租趕				✓			
租差				✓			
傳代				✓			
管事				✓			
爐主	✓				✓		
值董					✓		
院丁						✓	
院夫						✓	
書丁						✓	
拾字紙						✓	

● 西螺振文書院匾額（上圖）

● 台南蓬壺書院破壁聖訓，現藏臺南市民族文物館。（下圖）

● 大肚磺溪書院（李乾朗攝影）（左頁圖）

分為三，設爐主（如奎璧）、監院（如羅山）、首事（如龍門）、倡首者（如奎文）管庶務；設監院（如崇文）、禮書（如仰山）、禮房、財帛（如龍門）主會計；設會東、當事、齋長管財產。徵收租谷亦為書院重要職務，有租趕、租差、管事（如白沙）、傳代（如文奎）、齋長（如羅山）、監院（如海東）、禮房（如崇文）等負責。祭祀是書院精神教育之重要大事，由爐主、值董（如文石）主持，須由當地讀書人出任，依拔擢法選出。打雜之事包括月課役、焚香、協助祭祀、掃除、傳令等，有院丁、院夫（如仰山）、書丁、拾字紙等為之。

除總董通常只設一名外，其他各種職位，名額不定，或二、三名，或五、六名，任期也不一定，薪資或有或無，或多或少亦不統一。

由上述可知，臺灣的書院制度，尚在演化之中，並未成為定制，但整個組織已然規模大備，只在細節上未臻完善而已。現將臺灣書院之組織系統整理如下：（表四）

● 大肚磺溪書院（李乾朗攝影）（上圖）

● 艋舺學海書院（左頁下圖）

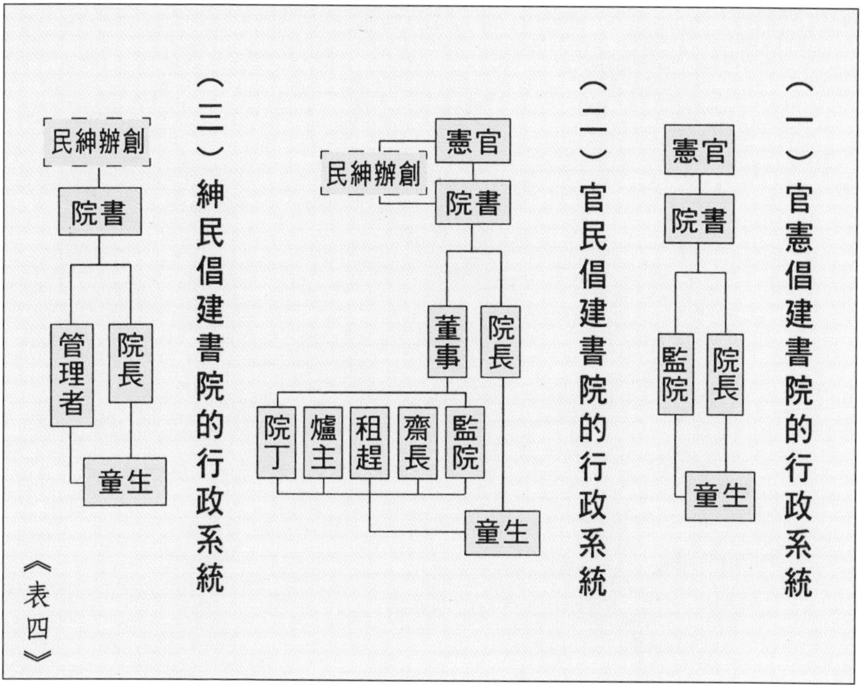
（一）官憲倡建書院的行政系統
官憲
書院
院長
監院
童生
（二）官民倡建書院的行政系統
官憲
紳民辦創
書院
院長
董事
監院
齋長
租趕
爐主
院丁
童生
（三）紳民倡建書院的行政系統
紳民辦創
書院
院長
管理者
童生
《表四》

（二）經費

臺灣書院的經費收入主要有兩種，一是學租，一是捐款。這兩種收入乃是書院的基本財產。學租是從書院所持有的土地和建物中獲取者，包括田地、園地、家屋、店舖、魚塭、蔗廍、水圳等。其土地或係書院擁有大租權，人民擁有小租權；或人民擁有大租權，書院擁有小租權。土地和建物的來源也有兩種，一是官莊、抄封田地和其他沒收的官有地；一是官員、紳民私人之捐地或捐款，再依捐款購得之地。

一般而言，官設書院的經費一致來自官署公銀、官莊、抄地、官有地和官員私捐，地方紳民也往往贊助，如崇文、海東書院等。官民合建之書院，則以紳民捐獻為主，官府補助為副，如蓬壺、白沙書院等。民間創建者，則以紳民捐獻為主力，官府偶爾予以補助，如英才、龍門等書院。

經費的支出，主要有人事費、獎助金、祭祀費、事務雜費四大類。人事費包括院長的薪俸、津貼及員工的薪津。院長的薪俸、津貼則有許多名目，除束脩（或稱「束金」、「脩金」）外，還有「贄儀」、「節儀」、「聘金」、「膳金」、「煙茶雜費」、「酒席費」、「來往盤費」等。其名目與金額，各院不一致，大約財務狀況較好的大型書院待遇較佳，小型書院則否，如白沙書院院長年薪六百兩，學海書院四百兩，英才書院三百四十兩，明志書院三百三十六兩，仰山書院只一百三十八兩。

除院長的薪津外，人事費尚包括職員工役之薪津（職員等之職稱見表六），此支出只占書院支出的小部分，以前面所舉院長薪津的書院為例，與院長薪津比較如下：

《表五》

職工所佔比例	院長爲職工的倍數(A/B)	職工(B)					院長(A)	
		小計	院丁	禮書	監院	董事		
16.7%	5	120				120	600	白沙
14.9%	5.7	70	30	40			400	學海
12.4%	7.1	48				48	340	英才
22.9%	3.4	100			100		336	明志
14.8%	5.8	24		24			138	仰山

● 鹿港文開書院一景

● 苗栗英才書院

助生員，應鄉試或舉人應會試的旅費，花紅是官課時名列前茅的獎金，如文石書院就有賓興費的支出。白沙書院亦有明定「每月官課獎賞花紅，生員第一名給錢一千文，二、三名八百文，四到七名六百文，八到十名五百文，童生第一名一千文，二、三名八百文，四、五名六百文，六、七名五百文，八到十名四百文。」

膏火、賓興、花紅全為獎勵生童讀書的費用，顯然為書院經費支出的一大宗。

祭祀費是指早晚香燈費、春秋祭祀費、迎聖祭祀費，如龍門書院，「春秋祭祀費銀百兩、迎聖祭祀費銀四十兩」，亦是一筆重要開支。

事務雜費，包括書院移建及修補費、院長傢俱及生童桌椅購置費、課卷費、公務所須之油燭紙筆

● 澎湖文石書院之小碑林（上圖）

● 草屯登瀛書院（左圖）

雜費、開館閉館之開銷費、捐贈義學基金及其他雜費，除移建費以外，其他皆為經常性支出。

以上為經費收支的大略情形，臺灣書院的經費支配大致不出上述範圍。經費的經手、支配，通常由總務職員負責，官府不直接介入。

(三) 教育宗旨

清廷所訂的書院教育宗旨是在「導進人才，廣學校所不及。」且鑒於府、州、縣學學級平行，無遞升之法，國子監則道里遼遠，四方之士難以群集，因而擬以書院作為府、州、縣學之上級遞升學校，是故有「書院即古侯國之學也」之說，可見書院教育宗旨之崇高，更在一般學校之上。

臺灣之書院亦秉斯旨而設，負起「興賢育才」之大任，臺廈分巡道劉良璧所訂「海東書院學規」中說：「書院之設，原以興賢育才……耑為生童肄業，俾成人有德、小子有造。」為達此目標，訂下如下學規：一明大義、二端學則、三務實

學、四崇經史、五正文體、六慎交友。明大義指明「君臣之義」。端學則須遵白鹿洞學規「居處必恭，步立必正，視聽必端，言語必謹；容貌必莊，衣冠必整，飲食必節，出入必省；讀書必專一，寫字必楷敬，凡案必整齊，堂室必潔淨；相呼必以齒，接見必有定，修業有餘功，游藝有適性；使人莊以恕，而必專所聽。」務實學，在求明禮達用，養成深厚凝重氣質，「毋徒以帖括為之」。崇經史，強調六經為學問根源，士不通經，則不明理，「雖誦時文千百篇，不足濟事」。正文體，講文體應取程、朱之理，先正之法。慎交友，必「以文會友，以友輔仁」。明顯可看出臺灣的書院，精神上直接繼承宋明的理學書院，著重品格的修養，並且擴大範圍，兼治經史詞章，此正是清朝書院的典型。同時，明清以來，科舉

● 泰山明志書院所供奉之朱熹及胡焯猷牌位（上圖）

● 草屯登瀛書院（左頁圖）

文運重興

之風大盛，臺灣的書院也不能免於時俗，因而臺灣道兼提督學政覺羅四明重訂的海東書院學規，便明揭「習舉業」之項了。其他臺灣各書院的學規，大致與此大同小異，如楊桂森所訂「白沙書院學規」是「讀書以力行為先」、「讀書以立品為重、「讀書以成物為急」、「讀八比文」、「讀賦」、「讀詩」；胡建偉所訂的「文石書院學約」是「重人倫」、「端志向」、「辨理欲」、「勵躬行」、「尊師友」、「定課程」、「讀經史」、「正文體」、「惜光陰」、「戒好訟」；林豪續擬文石書院學約八條，「經義」、「史學」、「文選」、「性理」、「制義」、「試帖」、「書法」、「禮法」諸項。可知，臺灣書院的教育目標亦懸的極高，隱含「成聖教育」的理想，此可以從書院內的祭祀空間進一步獲得證實。

「成聖教育」為中國傳統教育的特質之一，孔子首揭此種理想，宋儒以來，士人更以「學聖賢」為讀書第一等事，朱子「白鹿書院規訓」曰：「為學須思所以超凡入聖，如昨日為鄉人，今日便要為聖人。」此即「成聖教育」的理想，為使這種抽象的教育理想具像化，便有所謂廟學制的發明，即設孔廟於學校之內，孔廟內並配享先聖先賢作為從祀。這種學校內「祭祀空間」的設計，其目的在使士子於書本之外，透過釋奠之禮，去接近聖賢，於潛移默化之中變化氣質，收薰陶之效，因而刻意佈置這種學習環境。同時也暗示士子，一旦學聖有成，亦可側身從祀行列，孔子夢周公，孟子學孔子，今則皆成聖，有為者，亦當如此。書院的「祭祀空間」，一向多祭先師，而不敢祭先聖，此因官設的儒學既已崇祀孔

● 西螺振文書院（右頁圖）

民國五十八年時仲秋
八五老叟
昌黎伯韓夫子位

聖，非正式學校的書院，自然不能冒瀆，故多奉一大賢為主祀，餘賢從祀，以示本分。臺灣的書院崇祀大約分為兩系，閩人的書院大多祀朱子或宋儒五子，粵人的書院多祀韓愈。此外亦有祀文昌帝君或倉聖（倉頡）等者。另有名宦、鄉賢也往往列入從祀，如文開書院，中祀朱子，兩旁以海外寓賢太僕寺卿沈光文（光文字文開，書院以其字命名）、徐孚遠、盧若騰、王忠孝、沈佺期、辜朝荐、郭貞一（以上為明遺臣）、藍鼎元（清知府）等八人從祀，從祀的理由，除他們有功於臺灣之文教外，前七人「係戀故君故國，閱盡險阻艱難」，取其孤忠耿耿，後一人協助平朱一貴之亂，有功於國家，並於其著作之中，發為仁義之言，取其仁義。仁義忠孝，朱子之垂訓，因而以諸賢配享。此八人「皆人師非經師」，蓋書院

● 高雄萃文書院神位（上圖）

● 苗栗英才書院之韓愈牌位（右頁圖）

教育本以人格教育為第一，知識教育為其次，前八人之從祀，正可驗證前述書院教育的宗旨。

（四）入學與修業

書院生童的來源不一，有書院自選的才俊之士，也有儒學或義學保送來的。其名額亦不一，有限名額的，也有不限名額的。其入學資格，有生員，有童生，有生員、童生兼收的，也有專收幼年童生的。有的書院招生較嚴格，有的書院只要是學區內的生童，皆可參加其月課。

書院通常正月甄試入學，二月「開館」並開始考課，十一月停止月課，十二月初旬放假，稱為「散館」，準備過年。

書院教學的兩大重點，一是講

鹿港文開書院講堂

書，一是考課。講書在講堂中進行，開講前有「開講式」，儀式莊嚴，講後附以默坐，使其潛思反省。講書以外的時間，生童自行在齋舍排定「讀書日程」（即功課表），按表自習。院長則居於書院中之宿舍，與生童共同起居，遇有疑難，隨時為之批答。平時則檢閱生童之「讀書日程」記錄，督導其功課，每月定期舉行官、師課，以評定其優劣。修業年限，似無硬性規定，以至於有「貪微末之膏火，甚至有頭垂垂白，不肯去者。」之現象。

書院畢業並不能取得任何學位與資格，也並不具有科舉的充分或必要條件，能否參加科舉應試，端看其有無生員、舉人身分，而不論其是否書院在學或出身。從此處看來，書院是真正讀書的地方，並非獲取虛銜的處所。

● 鹿港文開書院（上圖）

● 艋舺學海書院齋舍（右頁圖）

● 鹿港文開書院齋舍（背頁圖）

第五章
結論

主陣容

臺灣雖遠處海外，一切情況較為落後，但在有清二百一十二年（一六八三—一八九五）間，所接受的一切文教設施，與大陸並無二致，書院的蓬勃發展，尤有過之。臺澎地區，海外一荒陬耳，不數百年間一變而為我國傳統文化推廣發展之典型，實與此教育之發達有關。至於書院制度之源自大陸，以及書院之主祀朱子神位，更是八閩文化的一脈相承，在在都表示中原文化與臺灣的一體關係。

日據時期，日人雖在臺厲行殖民政策，實施差別教育，但臺胞在強烈的民族意識支持下，堅持漢學教育，以各種方式保持中華文化命脈於不墜，足見中華文化在臺灣之根深蒂固，此則有清一代之書院身與其功。古蹟為歷史的見證，為使後世子孫瞭解先人傳遞文化之辛勤，臺灣殘存書院的重新整理，實有其必要。

● 高雄萃文書院石碑（上圖）

● 屏東書院（右頁圖）

● 集集明新書院前景（76、77 頁圖）

國家圖書館出版品預行編目資料

臺灣的書院／王啓宗著.----增訂一版----臺北市
：文建會，民 88
面；　　公分，----（文化資產叢書系列．古蹟類）

ISBN　957-02-4350-3（平裝）

1.書院-臺灣

525.9932　　　　88008530

文化資產叢書〔古蹟類〕

臺灣的書院

著者／王啟宗

著作財產權人／行政院文化建設委員會
發 行 人／林澄枝
發行及展售／文建會文字影音出版品展售中心／台北市愛國東路 100 號
電話：(02) 23434168／ 傳真：(02) 23946574
編輯製作及代理發行／藝術家出版社／台北市重慶南路一段 147 號 6 樓
電話：(02) 23719692-3／傳真：(02) 23317096
審　　查／林衡道
策　　劃／陳德新
行政編輯／吳麗珠、吳淑英
圖片攝影／王啟宗、李乾朗、林柏樑
執行編輯／王庭玫、魏伶容、林毓茹
美術編輯／王庭玫、李怡芳、柯美麗、林憶玲、王孝嫺

總 經 銷　時報文化出版企業股份有限公司
中和市連城路134巷16號
TEL：(02) 2306-6842

南部區域代理　吳忠南
台南市西門路一段223巷10弄26號
TEL：(06) 2617268
FAX：(06) 2637698

定　　價／160 元